INEXPLIQU

LES MYSTÈRES ANCIENS

Rupert Matthews

Traduction de Nicole Darbesson

Les mystères anciens est la traduction de
Unexplained Ancient Mysteries de Rupert Matthews
(ISBN 978-1-84835-442-5) © QED Publishing, UK, 2010.

Catalogage avant publication de Bibliothèque et Archives nationales du Québec et Bibliothèque et Archives Canada

Matthews, Rupert

Les mystères anciens

(Inexpliqué!)
Traduction de: Unexplained ancient mysteries.
Comprend un index.
Pour les jeunes de 8 à 12 ans.

ISBN 978-2-89579-344-1

1. Civilisation ancienne – Ouvrages pour la jeunesse.
2. Curiosités et merveilles – Ouvrages pour la jeunesse. I. Titre.

CB311.M3714 2010 j930.1 C2010-941421-7

Nous reconnaissons l'aide financière du gouvernement du Canada par l'entremise du Programme d'aide au développement de l'industrie de l'édition (PADIÉ) pour nos activités d'édition.

Conseil des Arts du Canada Canada Council for the Arts

Bayard Canada Livres inc. remercie le Conseil des Arts du Canada du soutien accordé à son programme d'édition dans le cadre du Programme des subventions globales aux éditeurs.

Cet ouvrage a été publié avec le soutien de la SODEC.
Gouvernement du Québec – Programme de crédit d'impôt pour l'édition de livres – Gestion SODEC.

Dépôt légal –
Bibliothèque et Archives nationales du Québec, 2010
Bibliothèque et Archives Canada, 2010

Édition: Paul Manning/White-Thomson Publishing
Conception graphique: Tim Mayer/White-Thomson Publishing
Recherche photographique: Maria Joannou

Version française
Direction: Andrée-Anne Gratton
Mise en page: Danielle Dugal
Traduction: Nicole Darbesson
Révision: Anne Bricaud

4475, rue Frontenac
Montréal (Québec)
Canada H2H 2S2
Téléphone: 514 844-2111 ou 1 866 844-2111
Télécopieur: 514 278-0072
Courriel: edition@bayardcanada.com
Site Internet: www.bayardlivres.ca

Imprimé et relié en Chine

Illustrations et photos
(h = haut; b = bas; d = droite; g = gauche; c = centre)

Bridgeman Art Library, collection privée/The Stapleton Collection 21h; Brooklyn Museum of Art, New York, É.-U./ Charles Edwin Wilbour Fund 22h; Christopher Wood Gallery, Londres, G.-B. 26; Corbis Adam Woolfitt 7b; The Gallery Collection 11; PoodlesRock 16h; Hulton-Deutsch Collection 25; Homer Sykes 27b; F. Scott Crawford 8 b; Getty Images The Bridgeman Art Library 27h; Library of Congress 8h; Shutterstock Len Green 2, Eky Chan 3, David Hughes 4b, 21b, Mikhail Nekrasov 5h, Sculpies 5b, 22b, Phillip Minnis 6h, Stargazer 7h, Vitor Costa 8-9 (arrière-plan), Markus Gann 10h, Jose Ignacio Soto 10b, Tim Arbaev 12b, Jirsak 14, Paolo Jacopo Medda 16b, P.Zonzel 18, Stephen Aaron Rees 20, Homeros 24b, R_R 28; Stefan Chabluk 6b, 23b; Topham Picturepoint The Print Collector/HIP 9h, Mike Andrews 12h; Wikimedia Commons 4h, 19, Andree Stephan 13, Marie-Lan Nguyen 15, Lyndsay Ruell 17, CaptMondo 23h, Mountain 24h, 31, George Keith 29h, B Balaji 29b

Les mots en **gras** sont définis dans le glossaire, à la page 30.

Tu peux trouver les réponses aux questions posées dans cet ouvrage à la page 31.

TABLE DES MATIÈRES

LES ÉNIGMES DU PASSÉ

Ce livre explore les mystères anciens. Certains d'entre eux rendent les experts perplexes depuis des siècles. Quelques-uns ont été résolus, mais la plupart attendent encore une explication. Lis les témoignages et tente de trouver des explications.

HISTOIRE OU MYSTÈRE ?

Parfois, un mystère est dû à un simple manque de preuves. Certains pensent que le roi Arthur est une **légende**, tandis que d'autres croient qu'il a vraiment existé et qu'il a régné sur le sud de la Grande-Bretagne vers le VIe siècle. Malheureusement, au cours des années qui suivirent la chute de l'Empire romain, la plupart des documents portant sur l'histoire de la Grande-Bretagne à cette époque furent perdus. Ainsi, il n'existe aucune façon de s'assurer qu'Arthur a bel et bien existé.

Les histoires sur le roi Arthur sont connues dans le monde entier, mais Arthur a-t-il vraiment existé ?

On croit que le roi Arthur et la reine Guenièvre furent enterrés à Glastonbury, dans le comté anglais de Somerset.

DES FAITS ET DES THÉORIES

D'autres mystères anciens restent inexpliqués parce que trop de théories possibles peuvent expliquer les faits. Nous savons tous, par exemple, que les **pyramides** sont les **tombeaux** des **pharaons** de l'Égypte antique. Toutefois, personne ne peut expliquer comment ces imposants édifices ont pu être construits par des hommes qui utilisaient seulement des outils de pierre et de cuivre. Les **historiens** ont beaucoup d'idées, mais ils ignorent quelle est la bonne théorie.

Quand on a découvert comment **déchiffrer** les hiéroglyphes, on a pu obtenir beaucoup d'informations sur les anciens Égyptiens.

DÉCHIFFRER LE PASSÉ

Quelques mystères anciens ont trouvé une explication grâce à de nouveaux éléments. Pendant des siècles, les gens savaient que les **hiéroglyphes** égyptiens étaient une forme d'écriture, mais personne ne pouvait les lire. On découvrit un jour une pierre portant le même message gravé en grec ancien, en démotique et en hiéroglyphes. Comme les experts savaient lire le grec ancien, ils purent résoudre le mystère des hiéroglyphes. Aujourd'hui, les historiens peuvent lire facilement des écrits en égyptien ancien.

Nous savons maintenant que ces énormes pyramides ont été construites afin de servir de lieux de sépulture aux pharaons égyptiens.

LE TEMPLE SOLAIRE

Le mystère de Stonehenge fascine les gens depuis des siècles. Ce grand cercle de pierres est un des plus importants sites préhistoriques du monde. Mais comment ces énormes pierres ont-elles été mises en place ? Qui a construit ce site et pourquoi ?

FICHE SUR LE MYSTÈRE

Nom	Stonehenge
Date	3100-1700 av. J.-C.
Lieu	Wiltshire, Angleterre
Statut	INEXPLIQUÉ

Certaines des énormes pierres qui forment Stonehenge pèsent jusqu'à 25 tonnes chacune. Environ la moitié de ces pierres proviennent des montagnes Welsh, à plus de 320 kilomètres de là.

QU'EST-CE QU'UN CROMLECH ?

Un **cromlech** (« henge », en anglais) est une mystérieuse sorte de monument préhistorique qu'on trouve en Europe occidentale. Il consiste en un grand fossé circulaire bordé par un talus. La plupart des cromlechs comportent des pierres debout ou des poteaux en bois placés à l'intérieur. On ignore quelle était la fonction des cromlechs, mais leur construction aurait requis des centaines de personnes pendant de nombreux mois. Ils étaient donc certainement très importants.

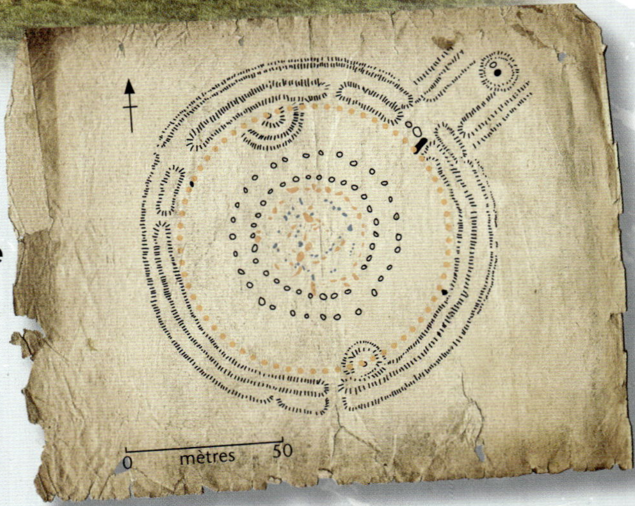

Voici un diagramme de Stonehenge illustrant les cercles de pierres, le fossé et le talus entourant le site.

DES FAITS ET DES THÉORIES

Certains croient que Stonehenge était un temple où les gens adoraient le soleil ou la lune. D´autres pensent que c´était un calendrier, qui permettait aux gens de savoir quelle était la période de l´année. Selon une théorie récente, Stonehenge aurait été un lieu de sépulture pour les dirigeants locaux importants.

CHRONOLOGIE DE STONEHENGE

3100 av. J.-C.	Terrassement du cromlech.
3000 av. J.-C.	Érection des poteaux en bois à l'intérieur du cromlech.
2600 av. J.-C.	Érection des pierres bleues
2400 av. J.-C.	Enlèvement des pierres bleues. Érection d'énormes pierres de grès sarsen à l'intérieur du cromlech.
2100 av. J.-C.	Réapparition des pierres bleues.
1600 av. J.-C.	Abandon de Stonehenge.

QUI A CONSTRUIT STONEHENGE ?

Pendant des siècles, les gens crurent que des géants ou des **démons** avaient construit Stonehenge. Puis, à partir de 1919, des **archéologues** ont commencé à **fouiller** la région de Stonehenge.

À certaines périodes de l'année, les pierres sont alignées avec le soleil et la lune. Ainsi, au milieu de l'été, le soleil se lève sur la « pierre-talon », alors qu'au milieu de l'hiver, la plus haute pierre est alignée avec la lune. Il y a plusieurs lieux de sépulture à l'intérieur ou près de Stonehenge. On trouve aussi d'autres talus, fossés et cromlechs dans la région. Même si les archéologues ont fouillé la majeure partie de ces vestiges, personne ne peut expliquer à quoi ces monuments ont servi ou pourquoi ils ont été construits.

Chaque année, des adeptes d'anciennes religions telles que le **druidisme** se rassemblent encore à Stonehenge afin d'adorer la nature et célébrer les saisons.

Qu'est-ce qu'un cromlech?

Quand eut lieu le premier terrassement?

Quand a-t-on fouillé pour la première fois la région avoisinante?

LES PREMIERS AMÉRICAINS

Qui étaient les premiers autochtones américains et d'où venaient-ils ? Jusqu'à récemment, on croyait qu'ils étaient venus d'Asie en empruntant un étroit pont continental partant de Sibérie, mais, aujourd'hui, les experts n'en sont plus si sûrs.

Les scientifiques ont découvert récemment que les **gènes** des autochtones américains étaient très semblables à ceux des Européens. Cela pourrait signifier que certains de leurs ancêtres arrivèrent en Amérique en provenance d'Europe, plutôt que d'Asie.

DES ARMES EN PIERRE

Les Clovis étaient parmi les plus anciens habitants connus d'Amérique. C'étaient des **chasseurs cueilleurs** qui vivaient en Amérique du Nord, il y a environ 13 000 ans.

Les Clovis utilisaient des armes en pierre inhabituelles, connues sous le nom de « pointes de Clovis », de forme ovale et plate. Elles ressemblent beaucoup à certaines armes trouvées en Europe.

Les pointes de Clovis ont été découvertes pour la première fois dans la ville de Clovis, au Nouveau-Mexique. Depuis, on en a trouvé d'autres un peu partout en Amérique du Nord et plus au sud, dont au Venezuela.

FICHE SUR LE MYSTÈRE

Nom Peuple de la culture Clovis
Date Vers 13 000 av. J.-C.
Lieu Amérique du Nord
Statut INEXPLIQUÉ

UNE COÏNCIDENCE ?

Les pointes de Clovis ressemblent tellement à certains outils en pierre trouvés en Europe que des experts croient que les premiers Clovis arrivèrent d'Europe. On croit qu'ils se seraient rendus en Amérique en suivant un pont de glace qui, jadis, reliait les continents.

Toutefois, les armes en pierre trouvées en Europe ont cessé d'être fabriquées environ 1000 ans avant l'époque des Clovis. Il est possible que les similarités entre les deux soient seulement une coïncidence. Nul le sait.

Dans l'Arctique, les chasseurs inuits survivent grâce à la pêche et à la chasse. Si les Clovis se sont dirigés vers l'ouest en traversant les glaces de l'Arctique, ils ont pu en faire tout autant.

DES FAITS ET DES THÉORIES

Les climatologues ont découvert qu'environ 15 000 ans av. J.-C., les glaces de l'océan Arctique formaient une vaste étendue qui s'étendait très loin au sud, jusqu'en France. Cela aurait pu permettre aux Européens de se déplacer vers l'ouest, en pêchant et en chassant les animaux polaires pour se nourrir, tout comme les Inuits de nos jours.

Quand les Clovis vivaient-ils en Amérique du Nord ?

Qu'est-ce qu'une pointe de Clovis ?

Comment les Clovis auraient-ils pu atteindre l'Amérique ?

LES SECRETS DES ÉGYPTIENS

Récemment, nous avons découvert de nombreuses informations sur les merveilles de l'ancienne Égypte. Cependant, avant que les experts n'apprennent à déchiffrer l'écriture égyptienne, une grande partie de ce que nous connaissons aujourd'hui était entourée de mystère.

On appelle les symboles égyptiens gravés sur cette tablette des hiéroglyphes. Le mot « hiéroglyphe » signifie « gravure sacrée ».

L'ÉCRITURE SACRÉE

Lorsque les archéologues commencèrent à étudier les temples et les tombeaux égyptiens, ils remarquèrent que ces derniers étaient couverts de gravures d'animaux, de personnes, d'objets et de **symboles** étranges. Parce qu'ils connaissaient les anciennes écritures romaines, ils savaient que ces gravures signifiaient quelque chose, mais quoi ?

La grande pyramide à degrés de Djéser faisait partie d'une importante civilisation qui s'était développée sur les rives du Nil au troisième millénaire av. J.-C.

FICHE SUR LE MYSTÈRE

Nom Les hiéroglyphes égyptiens
Date 330 av. J.-C. – 393 ap. J.-C.
Lieu Égypte
Statut RÉSOLU

DES FAITS ET DES THÉORIES

*En 1824, Jean-François Champollion, **linguiste** et historien français, résolut l'énigme de la pierre de Rosette. Il avait remarqué que certains symboles étaient entourés d'une forme ovale appelée «**cartouche**». Ces symboles représentaient des noms, alors que les autres représentaient des mots, des sons ou des idées.*

LA PIERRE DE ROSETTE

En 1799, des soldats français, basés en Égypte, trouvèrent une tablette, qu'on appela «pierre de Rosette». Sur cette tablette, le même message était gravé en grec, en hiéroglyphes et en démotique (une autre sorte d'écriture égyptienne). Les experts savaient lire le grec et le démotique, et furent donc capables d'interpréter les hiéroglyphes.

La pierre de Rosette date d'environ 196 av. J.-C. Sa découverte et son interprétation, un peu plus tard, permirent aux experts de commencer à comprendre les hiéroglyphes égyptiens.

QU'EST-IL ARRIVÉ ENSUITE?

Depuis, on a déchiffré des milliers de gravures et de textes égyptiens, qui ont révélé toute l'histoire de l'Égypte de 3200 à 300 av. J.-C. Les noms des dirigeants, des prêtres, des princesses et des travailleurs ont été dévoilés. Nous connaissons le mode de vie des Égyptiens et leurs occupations. Le mystère a finalement été résolu.

Comment appelle-t-on l'écriture égyptienne?

Qui a découvert la pierre de Rosette?

Qui fut le premier à décoder la pierre de Rosette?

LE MONDE PERDU DES MINOENS

De 2700 à 1450 av. J.-C. environ, les Minoens bâtirent une grande civilisation sur l'île grecque de Crète. Certains de leurs palais et temples ont traversé le temps et sont étudiés par des experts, mais le plus grand mystère minoen n'a pas encore été résolu...

Les gravures sur cette tablette d'argile minoenne représentent la première langue écrite d'Europe.

DES TABLETTES D'ARGILE

En 1900, l'archéologue Arthur Evans découvrit plus de 2000 tablettes d'argile couvertes de mystérieux symboles, sur le site du palais minoen de Cnossos, en Crète. Dans l'Antiquité, on laissait les tablettes au soleil pour les faire sécher. Heureusement, quelques tablettes se trouvaient dans des édifices qui furent incendiés. Le feu les durcit, leur permettant ainsi de traverser les siècles.

Les tablettes révélèrent que les Minoens avaient inventé une langue écrite, la première en Europe. Mais que signifiaient ces écritures ?

Le palais et le temple de Cnossos étaient le berceau d'une civilisation qui s'étendait d'une rive à l'autre de la mer Égée.

FICHE SUR LE MYSTÈRE

Nom	L'écriture linéaire A
Date	2100-1650 av. J.-C.
Lieu	Crète
Statut	INEXPLIQUÉ

UNE ÉCRITURE MYSTÉRIEUSE

Arthur Evans découvrit que les inscriptions étaient en trois écritures différentes : des hiéroglyphes et deux autres qu'il nomma tout simplement « linéaire A » et « linéaire B ». En 1952, lorsqu'on déchiffra le linéaire B, les tablettes révélèrent beaucoup d'informations sur les Mycéniens, qui vainquirent les Minoens vers 1400 av. J.-C.

Les Minoens étaient des artistes et des artisans réputés. Les vases et les bijoux minoens font partie des plus grands trésors de l'Ancien Monde.

Le linéaire A transcrivait sans aucun doute une langue différente et plus ancienne. Puisqu'on ignore quelle langue parlaient les Minoens, toutes les tentatives pour déchiffrer les textes en linéaire A ont échoué.

DES FAITS ET DES THÉORIES

En 1952, Michael Ventris, un jeune Anglais, fut le premier à déchiffrer les tablettes trouvées à Cnossos, en Crète. Il découvrit que le linéaire B était une forme de grec ancien, mais on ne sait pas quelle langue le linéaire A transcrivait. Cela pourrait être de l'iranien, ou une sorte de phénicien ou de grec.

Où était situé le berceau de la civilisation minoenne ?

Quand les tablettes d'argile minoennes furent-elles découvertes ?

Comment Arthur Evans nomma-t-il les deux écritures minoennes ?

UN MONDE IMMERGÉ

Depuis des siècles, l'histoire du monde perdu d'Atlantide fascine les gens. Plusieurs croient qu'Atlantide était le site d'une civilisation très évoluée. Mais un continent entier et ses habitants peuvent-ils réellement être submergés par l'océan ?

OÙ SE TROUVAIT ATLANTIDE ?

Les premières descriptions d'Atlantide furent faites par des écrivains de la Grèce antique, qui prétendirent en avoir entendu parler par des prêtres égyptiens. Selon la légende, Atlantide était un royaume insulaire à la civilisation très développée, dont les habitants savaient construire des appareils et des bateaux. Toutefois, si Atlantide a vraiment existé, où sont les témoignages ?

FICHE SUR LE MYSTÈRE

Nom	Atlantide
Date	Vers 9 600 av. J.-C.
Lieu	Inconnu
Statut	INEXPLIQUÉ

Les ruines de ce temple se trouvent sur l'île méditerranéenne de Théra, un des nombreux endroits où pourrait avoir été située Atlantide.

DES FAITS ET DES THÉORIES

*De récentes recherches sur l'**éruption** volcanique à Théra ont montré que ce volcan était puissant et très destructeur. Les cendres volcaniques auraient plongé dans la noirceur une grande partie de la Méditerranée, et un raz-de-marée aurait suivi et causé d'importants dommages. Un désastre aussi important aurait peut-être pu balayer tout un royaume.*

CHRONOLOGIE D'ATLANTIDE

9600 av. J.-C. Date traditionnellement avancée pour la destruction d'Atlantide.

600 av. J.-C. Des prêtres égyptiens parlent d'Atlantide à des écrivains grecs, dont Critias.

360 av. J.-C. Platon, **philosophe** grec, écrit sur Atlantide.

Le philosophe grec Platon (427-348 av. J.-C.) fit une des descriptions les plus détaillées d'Atlantide.

À LA RECHERCHE D'INDICES

Des gens croyaient que les Açores, dans l'Atlantique Nord, étaient les restes d'Atlantide ; d'autres préféraient Cuba, les Bahamas ou les îles Canaries. Dès 1900, les historiens avaient compris qu'on ne pouvait se fier aux anciennes histoires. Ils repartirent donc à la recherche d'indices.

QU'EST-IL ARRIVÉ ENSUITE ?

Au cours des années 1950, des archéologues découvrirent que vers 1550 av. J.-C., l'île méditerranéenne de Théra fut touchée par une importante éruption volcanique. Une ville entière fut détruite, ainsi que d'autres villes sur des îles avoisinantes. Si Atlantide avait été détruite 900 ans avant l'époque des Grecs, et non 9 000 ans avant, cette explication pourrait convenir !

Qui furent les premiers à parler d'Atlantide aux écrivains grecs ?

Quelle île fut dévastée vers 1550 av. J.-C. ?

Qui rédigea un récit détaillé sur Atlantide ?

LA CITÉ D'OR

Au XVIe siècle, lorsque les Espagnols conquirent l'Amérique, de nombreuses personnes croyaient qu'une ville appelée « Eldorado », c'est-à-dire la « cité d'or », existait, attendant d'être découverte. Mais la découvrir n'était pas une chose aisée!

Menées par Hernán Cortés, un soldat et explorateur espagnol, les forces espagnoles voulaient s'emparer des richesses de l'empire aztèque du Mexique.

FICHE SUR LE MYSTÈRE

Nom	Eldorado
Date	Vers 1520-1940
Lieu	Amérique du Nord ou du Sud
Statut	RÉSOLU

La cité historique du Machu Picchu est la ville inca la mieux conservée et est aujourd'hui une importante attraction touristique.

L'OR VOLÉ

En 1519, une petite troupe de soldats espagnols conduite par Hernán Cortés (1485-1547) découvrit par hasard l'empire aztèque du Mexique. Grâce à leurs fusils modernes, leurs armes en acier et leurs armures, les Espagnols conquirent les Indiens aztèques qui vivaient à cet endroit. Cortés et ses hommes devinrent très riches grâce à l'or aztèque volé.

LE TRÉSOR DES INCAS

En 1532, Francisco Pizarro (1471-1541) conquit le très riche empire inca d'Amérique du Sud et vola au peuple énormément d'or. Les explorateurs espagnols commencèrent à demander, partout où ils allaient, où ils pouvaient trouver de l'or. Les autochtones leur parlèrent d'une grande cité recelant beaucoup d'or, plus ou moins éloignée. Certains dirent qu'elle était à l'est, d'autres au nord ou au sud. Pendant des années, les Espagnols la cherchèrent, mais ils ne la trouvèrent jamais.

DES FAITS ET DES THÉORIES

Nous savons maintenant qu'il n'y avait pas d'autre « cité d'or » que les royaumes aztèque et inca, en Amérique. Il est probable que les autochtones répandirent des rumeurs sur l'Eldorado dans l'espoir que les Espagnols partent et les laissent vivre en paix.

Pour les Incas, l'or était un métal sacré et était souvent utilisé pour créer de merveilleux bijoux, tels que cette ancienne coiffe.

QU'EST-IL ARRIVÉ ENSUITE ?

Plus tard, d'autres relevèrent le défi. En 1595, l'explorateur anglais Sir Walter Raleigh remonta le fleuve Orénoque, à la recherche d'une riche cité. En 1804, l'Orénoque avait été complètement exploré, mais aucune cité n'avait été découverte. Dans les années 1920, l'aventurier anglais Percy Fawcett partit à la recherche de l'ancienne cité perdue, dans la forêt amazonienne. Il disparut et aucune cité ne fut jamais trouvée.

Qui remonta le fleuve Orénoque à la recherche d'une riche cité ?

Que signifie le mot « Eldorado » ?

Qui était à la tête de l'armée qui conquit l'empire aztèque ?

L'ÎLE AUX PIERRES

Dans l'océan Pacifique, à des milliers de kilomètres de toute civilisation, se trouve l'île de Pâques. Cet endroit mystérieux et étrange est célèbre pour ses monumentales statues de pierre, appelées « moaïs ».

UNE COMMUNAUTÉ PROSPÈRE

Lorsque l'explorateur hollandais Jacob Roggeveen (1659-1729) découvrit l'île de Pâques en 1722, il y trouva une communauté **prospère** de plus de 3 000 habitants. Cependant, quand James Cook, capitaine d'un bateau anglais, y arriva en 1825, il découvrit une tout autre situation : les statues étaient couchées et endommagées, et de nombreux insulaires avaient quitté l'île définitivement. En 1877, l'île ne comptait plus que 111 habitants.

FICHE SUR LE MYSTÈRE

Nom	L'île de Pâques
Date	Dans les années 1860
Lieu	Océan Pacifique
Statut	EXPLIQUÉ

Les moaïs sont d'énormes silhouettes humaines taillées dans le roc, au regard fixe, situées dans les collines de l'île de Pâques. Les plus hautes mesurent presque 10 mètres de haut et pèsent environ 75 tonnes.

UNE MYSTÉRIEUSE DISPARITION?

Le mystère qui entourait la disparition des habitants laissa les historiens perplexes. Comment la population de l'île de Pâques avait-elle pu disparaître en 40 ans seulement?

QU'EST-IL ARRIVÉ ENSUITE?

En 1888, lorsque le Chili s'empara de l'île de Pâques, les historiens commencèrent à l'étudier afin de découvrir ce qui s'était passé.

Finalement, plusieurs explications furent trouvées. Beaucoup trop d'arbres avaient été abattus, exposant les terres aux **éléments**. Des combats entre les différentes tribus et un raid massif de **marchands d'esclaves** péruviens avaient aussi réduit la population.

En 1825, lorsque le capitaine James Cook arriva sur l'île de Pâques, il trouva un peuple affamé et un paysage morne et nu.

L'ÎLE AUJOURD'HUI

Aujourd'hui, les insulaires ne sont plus que quelques centaines, mais ils conservent leurs traditions et se battent pour protéger les moaïs antiques contre d'autres destructions.

DES FAITS ET DES THÉORIES

L'île de Pâques a déjà été couverte de forêts, mais, en 1600, le dernier arbre fut abattu et le manque de bois causa rapidement une pénurie de bateaux de pêche. Le manque d'arbres causa aussi l'érosion de la terre arable par la pluie et le vent. Les récoltes s'appauvrirent, le peuple devint affamé et des ***conflits*** *éclatèrent.*

Quel explorateur hollandais fut le premier à découvrir l'île de Pâques?

Qui visita l'île en 1825?

Quel était le nombre d'insulaires en 1877?

LA LÉGENDE DE LYONESSE

Selon la légende, une vaste terre fertile s'étendait des Cornouailles, au Royaume-Uni, jusqu'aux îles Sorlingues, jusqu'à ce qu'une nuit, un désastre frappe Lyonesse...

FICHE SUR LE MYSTÈRE

Nom	Les terres perdues de Lyonesse
Date	Vers 650
Lieu	Sous la mer, entre l'océan Atlantique et la Manche
Statut	RÉFUTÉ

UNE TERRE D'ABONDANCE

Les vieilles histoires sur Lyonesse racontent que c'était autrefois une région agricole prospère qui appartenait au roi de Cornouailles, à l'époque du roi Arthur. La région se trouvait sous le niveau de la mer, mais était protégée par une berge élevée appelée « digue ». Les portes de la digue étaient ouvertes à marée basse pour permettre à l'eau de s'écouler et fermées à marée haute pour l'empêcher de pénétrer.

Une nuit, l'homme qui devait surveiller les portes de la digue décida de quitter son poste et d'aller s'amuser avec ses amis. La marée monta, l'eau s'engouffra par les portes ouvertes et inonda Lyonesse. Après le désastre, Cornouailles devint si pauvre que les Anglais s'en emparèrent facilement.

L'île du Mont-Saint-Michel, au large de la côte sud des Cornouailles, aurait déjà été entourée de terres.

LYONESSE A-T-ELLE EXISTÉ ?

Au XVIe siècle, les Cornouaillais appelaient encore « Cité des lions » (Lyonesse) le récif de Seven Stones, à Land's End. On disait aussi qu'on pouvait entendre les cloches de la cité engloutie, pendant les orages.

Le chevalier Tristan de Lyonesse était un héros renommé de la légende cornouaillaise.

DES FAITS ET DES THÉORIES

Selon les cartes récentes des fonds marins, la plus grande partie de la région entre les Cornouailles et les îles Sorlingues serait trop profonde pour avoir pu être une zone de marées. Il semble douteux que Lyonesse ait jamais existé. Les histoires sur Lyonesse se déroulaient peut-être avant que le niveau de la mer ne monte, il y a 1 500 ans.

À marée très basse, on peut voir des murs de pierre et des maisons en ruine au fond de l'océan, près des îles Sorlingues. On peut aussi voir les restes de murs de champs sur le sable, entre Tresco et Samson. D'après des récits romains, à cette époque, les îles Sorlingues formaient en fait une seule grande île. La région fut inondée entre 400 et 1100 de notre ère. Cette grande île était peut-être la vraie Lyonesse.

Le roi de Cornouailles régnait sur son royaume à partir du site de ce château en ruine, à Tintagel, sur la côte nord de Cornouailles.

Où était située Lyonesse ?

Qui régnait sur la région ?

Que pouvait-on entendre pendant les orages ?

LE MYSTÈRE DE LA GRANDE PYRAMIDE

Les immenses pyramides d'Égypte font partie des monuments les plus impressionnants de tous les temps. Depuis des siècles, les gens tentent d'expliquer comment elles ont pu être construites sans l'aide d'outils modernes.

FICHE SUR LE MYSTÈRE

Nom	Les pyramides égyptiennes
Date	Vers 2650-1800 av. J.-C.
Lieu	Égypte
Statut	INEXPLIQUÉ

Cette sculpture représente le pharaon Khéops, qui a ordonné la construction de la grande pyramide vers 2571 av. J.-C.

LA GRANDE PYRAMIDE

La plus grande des 138 pyramides d'Égypte est la grande pyramide de Gizeh. À l'origine, elle mesurait 147 mètres de haut et 231 mètres de côté. Sa construction a requis environ six millions de tonnes de pierre, dont la plupart pesaient environ deux tonnes chacune. Toutefois, certaines de ces pierres pouvaient peser jusqu'à 90 tonnes.

La grande pyramide est la plus vieille et la plus grande des trois pyramides de Gizeh, en Égypte. Pendant des siècles, elle a été le plus grand édifice du monde.

DES FAITS ET DES THÉORIES

*Grâce à l'étude des hiéroglyphes, les experts ont appris que les pyramides étaient les lieux de sépulture des pharaons, c'est-à-dire des dirigeants de l'ancienne Égypte. Chaque pyramide comporte un **réseau** de tunnels et de chambres. Les dépouilles du pharaon et de sa famille étaient placées dans des chambres, avec des meubles, des vêtements, des bijoux et de la nourriture qu'ils pourraient utiliser dans leur prochaine vie.*

DES HABILETÉS ET DE LA PRÉCISION

Les dimensions de la pyramide sont impressionnantes, mais les habiletés des ouvriers égyptiens le sont tout autant. La base a une pente de seulement 15 millimètres et la taille des côtés ne varie que de 58 millimètres les uns par rapport aux autres.

D'autres pyramides, moins grandes, sont tout aussi impressionnantes. On croit que la forme des pyramides a été choisie pour représenter les rayons du soleil tombant sur la terre.

PIERRE PAR PIERRE

Personne ne sait vraiment comment les pyramides furent construites. La plupart des gens croient que les blocs de pierre étaient taillés dans une carrière, tirés sur des traîneaux, puis hissés sur une rampe de sable et mis en place. Si cela s'est passé ainsi, la construction de chaque pyramide aurait nécessité environ 30 000 hommes pendant 20 ans. Toutefois, on n'a jamais trouvé de trace de rampes.

Selon une autre théorie, les pierres étaient tirées sur une rampe de pierre située à l'intérieur de la pyramide, mais, là encore, aucune rampe n'a été trouvée.

Ceci est une pierre gigantesque qui se trouvait autrefois sur une des façades de la pyramide.

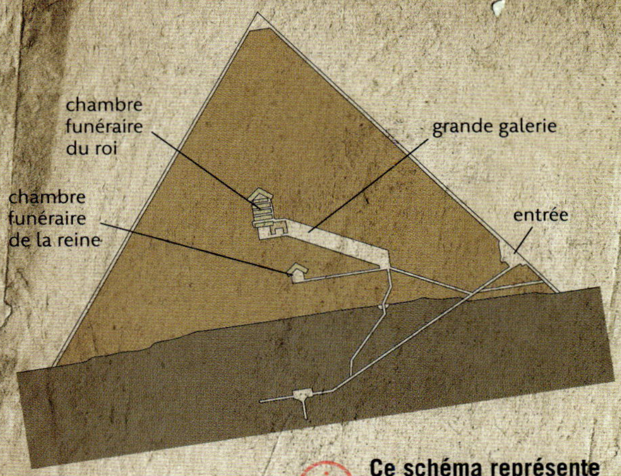

Ce schéma représente l'intérieur de la grande pyramide, dont la grande galerie montant jusqu'à la chambre funéraire du roi et le couloir menant à la chambre funéraire de la reine, située plus bas.

Quand la grande pyramide fut-elle construite?

À quoi servaient les pyramides?

Que représentait peut-être la forme des pyramides?

LA LÉGENDE DE TROIE

Selon la légende grecque, aux alentours de 1250 av. J.-C., une armée grecque attaqua la cité de Troie et la détruisit après un long siège. À quel point cette légende repose-t-elle sur des faits ?

En 1876, Heinrich Schliemann trouva ce masque en or à Mycènes. Il date à peu près de la même époque que la guerre de Troie et avait été placé sur le visage d'un roi de Mycènes lors de ses funérailles.

DES HISTOIRES ET DES POÈMES

Dans l'Antiquité, on racontait beaucoup d'histoires sur la guerre de Troie. La plus célèbre était l'*Iliade*, un poème épique composé par le poète grec Homère vers 850 av. J.-C. Les Grecs croyaient vraiment que la guerre de Troie avait eu lieu, même si Homère avait clairement inventé certaines de ses histoires.

Ces ruines de la cité de Troie sont situées à Hisarlik, dans ce qui est maintenant la Turquie.

UNE HISTOIRE OU UN MYTHE ?

Dès le XIXe siècle, les gens s'étaient mis à croire que la guerre de Troie n'était qu'un mythe. Mais en 1870, l'archéologue allemand Heinrich Schliemann (1822-1890) réunit tous les indices disponibles sur Troie et entreprit des fouilles à Hisarlik, en Turquie. Les découvertes de Schliemann montrèrent que Troie aurait finalement pu exister.

DES FAITS ET DES THÉORIES

De récentes recherches confirment que Troie a vraiment existé. Dans les années 1990, on trouva des documents qui mentionnaient une guerre entre Taruisa et la Grèce. La plupart des experts s'entendent aujourd'hui pour dire que Taruisa (soit Hirsalik) était la ville qu'on a appelée Troie et que la guerre de Troie est un événement historique.

L'archéologue allemand Heinrich Schliemann a toujours cru que l'*Iliade*, le poème d'Homère, était fondé sur des événements réels.

FICHE SUR LE MYSTÈRE

Nom	Troie (Ilion)
Date	Vers 1250 av. J.-C.
Lieu	Au nord-ouest de la Turquie
Statut	INEXPLIQUÉ

DES INDICES PARMI LES RUINES

D'après les ruines trouvées par Heinrich Schliemann, le site avait été habité de 3000 av. J.-C. à 500 ap. J.-C. environ. Il découvrit une couche de bâtiments qui avaient été détruits par le feu. Cela pourrait être la cité détruite au cours de la guerre de Troie, mais certains n'en sont pas convaincus. La zone bâtie semble trop petite pour avoir pu être une importante cité et les défenses présentaient d'étranges lacunes. Il faudra faire beaucoup d'autres recherches à Hisarlik avant d'obtenir des réponses.

Quand eut lieu la guerre de Troie ?

Qui écrivit un poème épique sur la guerre de Troie ?

Qui fut le premier à fouiller Hisarlik et à l'identifier comme étant Troie ?

LE HÉROS DE CAMELOT

Au cours des siècles, on a raconté de nombreuses histoires sur le roi Arthur de Bretagne. On dit qu'il fut un vaillant chevalier et qu'il régna à une époque de paix et de prospérité. Vraies ou fausses, ces histoires ont passé l'épreuve du temps.

Le jeune Arthur essaie la couronne de Bretagne avec, à son côté, Excalibur, son épée magique.

FICHE SUR LE MYSTÈRE

Nom	Le roi Arthur
Date	Vers 500
Lieu	Bretagne (Angleterre actuelle)
Statut	INEXPLIQUÉ

LES CHEVALIERS DE CAMELOT

Selon la légende, le roi Arthur siégeait dans le château de Camelot. Il mena ses fameux chevaliers de la Table ronde dans une série d'aventures, dont la recherche du Saint Graal, la coupe sacrée utilisée par Jésus lors de la dernière Cène.

On raconte que Mordred, le neveu d'Arthur, devint un jour jaloux du pouvoir d'Arthur et se lança dans une guerre civile. Celle-ci s'acheva par la mort des deux hommes lors de la bataille de Camlann. Après la mort d'Arthur, la Bretagne fut plongée dans une période de noirceur où guerres et désastres se succédèrent.

Cette illustration du roi Arthur est tirée d'un **manuscrit médiéval** datant d'environ 1250 ap. J.-C.

DES FAITS ET DES THÉORIES

La plupart des histoires sur le roi Arthur que nous connaissons aujourd'hui proviennent d'un livre intitulé Le Morte d'Arthur, *écrit par Sir Thomas Malory (1405-1471). Certains historiens croient maintenant qu'Arthur a réellement existé, mais son nom n'apparaît que rarement dans les écrits importants de cette époque.*

LE « VRAI » ARTHUR ?

Vers 1150, Geoffroy de Monmouth écrivit ce qu'il prétendit être l'histoire du « vrai » Arthur. Selon Geoffroy, Arthur serait devenu roi de Bretagne après le départ des Romains et aurait vaincu les envahisseurs saxons lors de la bataille du mont Badon, entre 490 et 517 environ. Toutefois, Geoffroy ne dévoila pas ses sources d'information. Plusieurs croient qu'il a simplement inventé cette histoire.

Cette imposante colline fortifiée, appelée « château de Cadbury », se trouve dans le comté anglais de Somerset, près de la rivière Cam. On pense souvent que c'est là que se serait trouvée la cour du roi Arthur à Camelot.

Quel était le nom du château d'Arthur ?

Quel était le nom de l'épée magique d'Arthur ?

Qui écrivit un récit sur Arthur vers 1150 ?

LES SEPT PAGODES

Avec son fameux Temple du rivage, Mahabalipuram est l'un des plus beaux sites historiques du sud de l'Inde. Toutefois, si les légendes disent vrai, les monuments qui ont traversé les siècles ne seraient qu'un fragment de ceux qui ont déjà existé.

LA VENGEANCE DE VISHNU

Selon une ancienne légende **hindoue**, en 550, Hiranyakasipu, le dirigeant de Mahabalipuram, refusa d'adorer le dieu Vishnu. Son fils, Prahlada, voulait construire un temple pour Vishnu et se disputa avec son père. Criant que Vishnu n'existait pas, le père, fâché, donna un coup de pied dans l'autel que Prahlada avait construit pour Vishnu. Vishnu apparut alors et tua Hiranyakasipu.

Lorsque Prahlada prit le pouvoir, il construisit sept merveilleuses **pagodes** réputées pour être les plus belles de toute l'Inde. Le dieu Indra, jaloux de ces merveilleux temples dédiés à Vishnu, fit sombrer dans la mer six de ces pagodes. La dernière pagode est connue sous le nom de « Temple du rivage ».

On croit que le Temple du rivage, à Mahabalipuram, serait l'un des sept temples dédiés au dieu hindou Vishnu.

QU'EST-IL ARRIVÉ ENSUITE ?

Longtemps, les pêcheurs de Mahabalipuram affirmèrent avoir vu des vestiges d'édifices dans la mer. En 2004, un énorme raz-de-marée appelé « tsunami » déplaça des bancs de sable qui n'avaient pas bougé depuis des siècles. Lorsque la mer se retira, on commença à apercevoir des ruines à environ 500 mètres de la rive.

Des archéologues commencèrent à creuser dans le sable et trouvèrent les ruines de deux temples. Sous la mer, des plongeurs trouvèrent des murs de pierre et de merveilleuses sculptures. L'exploration et les fouilles continuent, afin de découvrir si les légendaires sept pagodes ont réellement existé.

Ce bas-relief représentant le dieu Vishnu se trouve sur le mur d'un des temples de Mahabalipuram.

Cette sculpture d'éléphant, à Mahabalipuram, a été taillée dans une seule roche.

DES FAITS ET DES THÉORIES

De récentes recherches ont montré que vers 1300, un tremblement de terre aurait fait glisser des terres dans la mer. Le Temple du rivage, qui est encore debout, date environ de 750. D'autres temples se trouvent tout près, mais ils sont beaucoup plus petits et moins imposants.

FICHE SUR LE MYSTÈRE

Nom	Les sept pagodes
Date	Vers 750
Lieu	Mahabalipuram, Inde
Statut	INEXPLIQUÉ

À quel dieu les sept pagodes étaient-elles dédiées ?

Quel dieu serait devenu jaloux ?

Qu'est-ce qu'un tsunami ?

GLOSSAIRE

archéologue Personne qui étudie le passé en examinant les édifices, les paysages et les preuves trouvées dans le sol

cartouche Dans les hiéroglyphes égyptiens, forme ovale qui entoure le nom d'un roi ou d'une reine

chasseurs cueilleurs Personnes qui ne pratiquent pas l'agriculture et l'élevage, mais obtiennent leur nourriture de la terre qui les entoure

conflit Désaccord ou combat

cromlech Sorte de monument préhistorique qui consiste en un fossé circulaire entouré d'un talus de terre

déchiffrer Traduire un code dans une langue que tous peuvent comprendre

démon Esprit diabolique

druidisme Ancienne religion fondée sur l'adoration de la nature

éléments Forces naturelles, telles que le soleil, le vent et la pluie

épique Qui raconte des actions héroïques du passé dans un long poème ou dans une histoire

éruption Jaillissement de cendres, de fumée et de roches brûlantes d'un volcan

esclave Personne forcée à travailler très durement sans être payée

fouiller Creuser le sol pour découvrir ce qui pourrait y être enfoui, ou explorer soigneusement

fragment Très petite partie d'un tout

gène Structure chimique héritée de nos parents, qui rend chacun de nous unique

hiéroglyphes Ancienne forme d'écriture égyptienne

hindou Qui pratique l'hindouisme, religion originaire de l'Inde pratiquée aujourd'hui par plus d'un milliard de personnes dans le monde

historien Personne qui étudie les vestiges du passé

légende Vieille histoire maintes fois répétée, mais qui n'est pas nécessairement vraie

linguiste Personne qui étudie le langage

manuscrit Livre ou document écrit et illustré à la main

marchand d'esclaves Personne qui capture ou échange d'autres personnes pour qu'elles deviennent des esclaves

médiéval Qui se rapporte à la période comprise entre la chute de l'Empire romain au Ve siècle et la chute de Constantinople, en 1453

monumental Énorme ou imposant, tels une grosse statue de pierre ou un édifice

mythe Histoire ancienne qui, souvent, se révèle fausse

pagode Sorte de temple oriental

perplexe Déconcerté, dérouté

pharaon Dirigeant royal de l'ancienne Égypte

philosophe Personne qui étudie la signification de la vie

préhistorique Très ancien, qui date de bien avant l'apparition de l'écriture et l'invention de méthodes de consignation de données

prospère Qui est dans un état de réussite, de bien-être, de succès

pyramide Sorte d'immense bâtiment qui servait de lieu de sépulture aux pharaons de l'ancienne Égypte

réseau Système composé de plusieurs parties interreliées

siège Opération militaire d'une armée consistant à entourer une ville

symbole Signe ou objet qui a une signification particulière

tombeau Salle ou lieu de sépulture

RÉPONSES

Pages

6-7 Un monument préhistorique que l'on trouve en Europe occidentale ; en 3100 av. J.-C. ; en 1919.

8-9 Il y a environ 13 000 ans ; une sorte d'arme en pierre ; par l'étendue de glace qui reliait l'Europe à l'Amérique.

10-11 Des hiéroglyphes ; des soldats français en Égypte ; le linguiste et historien français Jean-François Champollion.

12-13 Sur l'île grecque de Crète ; en 1900 ; « linéaire A » et « linéaire B ».

14-15 Des prêtres égyptiens ; Théra ; le philosophe grec Platon.

16-17 « La cité d'or » ; Hernán Cortés ; Sir Walter Raleigh.

18-19 Jacob Roggeveen ; le capitaine James Cook ; 111.

20-21 Des Cornouailles aux îles Sorlingues, au Royaume-Uni ; le roi de Cornouailles ; les cloches de la cité engloutie.

22-23 Vers 2560 av. J.-C. ; elles servaient de lieu de sépulture pour les pharaons de l'ancienne Égypte ; les rayons du soleil tombant sur la terre.

24-25 Vers 1250 av. J.-C. ; le poète grec Homère ; l'archéologue allemand Heinrich Schliemann.

26-27 Camelot ; Excalibur ; Geoffroy de Monmouth.

28-29 Au dieu hindou Vishnu ; Indra ; un énorme raz-de-marée.

SITES INTERNET

http://expositions.bnf.fr/arthur/
Un site complet sur la légende du roi Arthur, de la Bibliothèque nationale de France

http://www.civilisations.ca/cmc/exhibitions/civil/egypt/egyptf.shtml#menu
L'exposition en ligne *Mystères de l'Égypte*, du Musée canadien des civilisations

http://www.civilisations.ca/cmc/exhibitions/civil/greece/gr0000f.shtml
L'exposition en ligne *Grèce – Les secrets du passé*, du Musée canadien des civilisations

* *Les références Internet citées étaient exactes au moment d'aller sous presse. Toutefois, les éditeurs n'acceptent aucune responsabilité pour toute information ou lien trouvé sur des sites de tierce partie.*

INDEX